AF356327

LES

FILLES D'HONNEUR DE LA REINE,

COMÉDIE-VAUDEVILLE EN UN ACTE,

PAR MM. BARTHÉLEMY ET FILLOT,

Représentée, pour la première, fois sur le théâtre des Délassemens-Comiques
le 14 mars 1847.

LOUIS XIV (âgé de vingt ans)......................	Mlle ESTELLE.
PÉGUILLIN,	MM. LERICHE.
BRIENNE,	RAOUL.
SAUCOURT, } jeunes Seigneurs, amis du Roi	RHÉAL.
CAVOIS,	JULES.
DE GUICHE,	DARNAU.
Le comte de MONTÉ-FIASCO, envoyé du prince de Monaco	BARTHÉLEMY.
MARIE-THÉRÈSE, la jeune reine.....................	Mlle BACHELET.
Mme La duchesse de NAVAILLES, grand'-maîtresse des Filles d'honneur.	Mme RHÉAL.
Mlles D'ARTIGNY,	Mlles VIRGINIE MERCIER.
D'HUMIÈRES,	ANNA.
DE LUYNES,	MARIA.
D'HOUDANCOURT } Filles d'honneur de la Reine.	ALINE.
DE CHATILLON,	HÉLOÏSE.
DE GUERVILLES,	CAROLINE.
UN HUISSIER.	

DOMESTIQUES, un OFFICIER, SOLDATS, SEIGNEURS ET DAMES DE LA COUR.

La Scène se passe au château de Fontainebleau, en 1660.

Le théâtre représente une vaste salle du palais de Fontainebleau; au premier plan, à gauche, une cheminée gothique; en face, un tableau mobile masquant une petite porte communiquant aux appartemens de la Reine; — les deuxième, troisième et quatrième plans de droite et de gauche sont occupés par des portes conduisant aux chambres des Filles d'honneur et à celle de Mme de Navailles.—Au fond, l'entrée principale; fenêtres de chaque côté, avec balcon.

SCÈNE I.

Mlles D'HUMIÈRES, HOUDANCOURT, CHATILLON, DE LUYNES, DE GUERVILLES.

Au lever du rideau, les filles d'honneur sont assises, occupées à différens travaux d'aiguille; Mademoiselle de Luynes tient le *Mercure galant* qu'elle parcourt.

CHŒUR.

AIR : Un Seigneur qui n'a que seize ans.

Travaillons! mais parlons tout bas,
    Car il ne faut pas
    Ici qu'on apprenne
Qu'au bal, les filles de la reine
    Vont prendre l'emploi
    Des pages du roi.

Mlle DE LUYNES, cessant sa lecture.

Comment, d'Humières, tu n'as pas encore terminé tes nœuds d'épaules ?

D'HUMIÈRES.

Je tiens le dernier !...

DE LUYNES.

C'est fort heureux !.. le costume d'Houdancourt et le mien sont prêts depuis hier... nous les avons essayés, ils nous vont à ravir.,. N'est-ce pas, Châtillon ?..

CHATILLON.

C'est une justice à leur rendre !..

DE LUYNES.

Ils feront, je suis sûre, révolution dans le bal masqué de ce soir...

D'HUMIÈRES.

Allons-nous nous divertir !..

HOUDANCOURT.

Eh bien! êtes-vous fâchées maintenant d'avoir quitté le séjour enchanteur de Versailles, pour celui de Fontainebleau ?..

D'HUMIÈRES.

Non, car depuis que la cour est venue s'installer dans cette résidence royale, nous sommes enlacées dans une chaîne non interrompue de fêtes charmantes, auxquelles nous avons été invitées, grâce à la galanterie de Sa Majesté Louis XIV, et au tendre intérêt que nous avons su inspirer à quelques-uns de ses nobles compagnons de plaisir...

CHATILLON.

A propos, ceux-là, cette nuit, il faudra les intriguer...

D'HUMIÈRES.

C'est jouer avec le feu... sous nos habits de pages, ils peuvent nous reconnaître.., Prenez garde ! ils sont entreprenans...

HOUDANCOURT.

Notre qualité de filles d'honneur de la nouvelle reine, Marie-Thérèse, nous protègera...

D'HUMIÈRES.

Jolie protection, ma foi !.. Demandez plutôt à notre amie d'Artigny ?.. ce talisman ne l'a pas empêchée d'être remarquée de notre jeune monarque, qui est bien le plus à craindre, et le plus mauvais sujet de tous les seigneurs de sa cour... Aussi je tremble pour notre bien-aimée compagne... j'ai peur que cette passion naissante ne la compromette, et ne lui fasse perdre sa brillante position...

HOUDANCOURT.

Ce qui pourrait fort bien arriver, attendu que M⁽ᵐᵉ⁾ de Navailles, notre grand'-maîtresse, lui a déjà fait, à ce sujet, une morale...

DE GUERVILLES.

Qui dure encore !..

TOUTES.

Oh ! l'ennuyeuse vieille !..

D'HUMIÈRES, prêtant l'oreille.

Mais chut!.. on a marché dans cette galerie... si c'était notre Argus !..

TOUTES.

Eh ! non... c'est d'Artigny...

D'HUMIÈRES.

Quelle figure bouleversée !..

SCÈNE II.

LES MÊMES, D'ARTIGNY.

D'ARTIGNY, entrant vivement.

Eh quoi ! Mesdemoiselles, vous êtes là, cal-mes et tranquilles !.. Vous ignorez donc ce qui se passe ?..

D'HUMIÈRES.

La fête de ce soir serait-elle remise ?..

D'ARTIGNY.

Il s'agit bien de cela !.. apprenez qu'on veut porter atteinte à nos priviléges, à notre liberté...

TOUTES.

Que veux-tu dire ?

D'ARTIGNY.

Qu'on a posé, à notre insu, d'énormes verroux à toutes les portes qui communiquent de cette salle au dehors, et que toutes les serrures ont été changées pendant la nuit...

HOUDANCOURT.

En voici bien d'une autre !..

D'ARTIGNY.

Et savez-vous à qui nous devons cela ?..

D'HUMIÈRES.

A M. le cardinal de Mazarin, je parie !..

D'ARTIGNY.

Du tout !.. à la tendre sollicitude de M⁽ᵐᵉ⁾ de Navailles; elle se figure toujours qu'on en veut à notre vertu et à son innocence...

HOUDANCOURT.

Par exemple !.. une innocence qui date du feu roi Louis XIII...

D'HUMIÈRES.

Raison de plus pour qu'elle y tienne davantage...

D'ARTIGNY.

J'espère, Mesdemoiselles, que vous ne vous soumettrez point à une pareille injustice ?..

TOUTES.

Jamais !..

CHŒUR.

Air du Domino noir.

C'est une horreur
Qu'une telle rigueur !
Dieu ! quel affreux malheur,
D'être filles d'honneur,
S'il faut, sous les verroux,
Vivre comme des loups,
Ou comme des hiboux ;
C'est fort peu dans nos goûts !
Faudra-t-il donc, hélas ! pour horizon
N'avoir que les barreaux d'une sombre prison ?
Quand d'ici l'on entend l'orchestre retentir,
Quand tout, dans ce château, nous invite au plaisir ?

D'ARTIGNY.

Il faut nous venger !..

D'HUMIÈRES.

De Mme de Navailles, d'abord...

HOUDANCOURT.

Oui : mais par quel moyen?..

D'ARTIGNY.

N'avons-nous pas notre vengeance toute prête ?..

TOUTES.

Laquelle ?..

D'ARTIGNY.

Ne vous rappelez-vous plus que, pour faire tomber dans un piége la vertu si farouche de notre grand'-maîtresse, nous avons imaginé une correspondance amoureuse entre elle et le nouvel envoyé du prince de Monaco, le comte de Montefiasco?..

TOUTES.

C'est juste!

CHATILLON.

Ah ! oui, cette espèce d'imbécile, gros, vieux et laid, récemment arrivé à la cour de France?

D'ARTIGNY.

Eh bien ! mettons à profit cette intrigue épistolaire, dans laquelle, jusqu'ici, nous avons fait les demandes et les réponses... Grâce à notre habileté à combiner notre petit roman, la crédule duchesse ne se doute de rien... Au contraire, elle est tellement persuadée que c'est le comte qui, épris de ses charmes, lui écrit ces lettres brûlantes, que nous la voyons, chaque jour, se glisser mystérieusement à la tombée de la nuit, le long des murs du château, pour aller chercher, dans l'un des vases de la terrasse, l'épître que nous y avons déposée...

D'HUMIÈRES.

Par malheur, elle n'a répondu à aucune...

D'ARTIGNY.

Nous l'y contraindrons... C'est à quoi j'ai songé en rédigeant le billet que je lui ai adressé encore ce matin... et dans lequel je lui donne rendez-vous, pour ce soir, dans sa chambre...

D'HUMIÈRES.

Dans sa chambre ?.. es-tu folle ? C'est pousser trop loin la témérité...

D'ARTIGNY.

Il fallait bien brusquer le dénoûment ?..

D'HUMIÈRES.

Sans doute! mais le comte n'est pas dans la confidence...

D'ARTIGNY.

Qu'importe?.. pourvu qu'il vienne !.. et il viendra, c'est moi qui vous le dis... je m'en charge...

D'HUMIÈRES.

Tu comptes donc le préparer à cette entrevue ?

D'ARTIGNY, avec mystère et à voix basse.

Il est déjà tout préparé... caché là, dans un des panneaux secrets de cette salle, habillé de pied en cap, il n'attend plus que l'occasion de se montrer..

TOUTES.

Comment cela ?...

D'ARTIGNY.

Vous allez me comprendre... Vous savez que, sous prétexte de me livrer à mon goût pour la peinture, j'ai fait demander des pinceaux, un chevalet et un mannequin, seul modèle autorisé ici par la morale et la reine-mère...

D'HUMIÈRES.

En effet ! je me souviens...

D'ARTIGNY.

Eh bien! je n'ai touché ni aux pinceaux, ni au chevalet; quant au mannequin, voilà ce que j'en ai fait.. (Elle va ouvrir le panneau dont elle fait jouer le ressort.) Regardez !...

TOUTES.

Quelle est cette caricature ?..

D'ARTIGNY.

Le comte de Monte-Fiasco en personne.. c'est-à-dire en osier... Y êtes-vous ?

TOUTES, riant.

AIR : Qu'il est flatteur d'épouser celle !

La plaisanterie est fort drôle !

D'ARTIGNY.

Que dites-vous de mon projet ?
Ce mannequin jouera le rôle
D'un amoureux tendre et discret ;
Le feu qui le brûle en silence
Fera, ce soir, explosion...

D'HUMIÈRES.

Mais prenons bien garde, j'y pense,
Qu'il n'aille brûler tout de bon ?...

HOUDANCOURT.

C'est que la ressemblance est frappante !

D'ARTIGNY.

N'est-ce pas? dam ! j'ai tâché de le faire le plus laid que j'ai pu...

CHATILLON.

Tout le monde s'y méprendra, j'en suis certain...

D'HUMIÈRES.

Excepté peut-être Mme de Navailles,.. avec la vieille expérience qu'elle a des choses et des hommes, elle verra bien tout de suite que ce n'en est pas un... encore moins M. le comte.

D'ARTIGNY.

Elle a la vue si basse !.. et puis dans l'obscurité... d'ailleurs la nuit tous les hommes se ressemblent...

D'HUMIÈRES.

C'est possible ! tu conviendras pourtant, qu'entre un mannequin et un grand seigneur, il y a de la différence ?...

D'ARTIGNY.

Pas tant que tu crois !..

CHATILLON, qui a remonté vers le fond.

Mesdemoiselles ! Mesdemoiselles... j'aperçois notre grand'maîtresse qui se dirige de ce côté...

D'HUMIÈRES, allant regarder.

Elle tient une lettre à la main...

D'ARTIGNY.

C'est la mienne, sans doute ?...¿ Eh ! vite! cachons le séducteur... (Elle referme le panneau, et se tient à l'écart, ainsi que les autres.)

SCÈNE III.

LES MÊMES, Mme DE NAVAILLES.

Mme DE NAVAILLES, entrant sans voir personne, et achevant la lecture d'une lettre.

« Je vous préviens que nul obstacle ne m'empêchera de parvenir jusqu'à vous, et que cette » nuit... » (S'interrompant) Grand Dieu! qu'ai-je lu !... quelle imprudence !... (Apercevant les filles d'honneur.) Ciel ! quelqu'un !.. (Elle serre vivement la lettre.) Ah ! c'est vous, Mesdemoiselles ?..

D'HUMIÈRES, s'avançant.

Comme vous paraissez émue, Mme la duchesse !.. qu'avez-vous ?..

Mme DE NAVAILLES.

Moi ? rien !..

D'HUMIÈRES.

Si fait !.. ce papier que vous cachez avec tant de soin, est peut-être la cause ?..

Mme DE ANVAILLES, troublée.

Quel papier! quel papier !.. vous êtes bien curieuses !.. Je crois, Dieu me pardonne !.. que vous m'interrogez... A mon tour, je vous demanderai ce que vous faites ici à cette heure?.. et pourquoi, d'après la nouvelle consigne que je vous ai donnée, vous n'êtes pas encore rentrées dans vos chambres ?

D'ARTIGNY.

Nous vous attendions, Mme la duchesse...

Mme DE NAVAILLES.

Est-ce bien moi que vous attendiez ?..

D'ARTIGNY.

Certainement !.. pour apprendre de vous ce que signifie cette espèce de réclusion dont nous sommes menacées...

Mme DE NAVAILLES.

Ah ! vous êtes donc instruites ?.. Eh bien! cela signifie qu'on a enfin jugé prudent de mettre votre réputation à l'abri des dangers et des séductions de la cour... L'appartement des filles de la reine, Mesdemoiselles, doit être un lieu sacré ?..

Air de Monsieur Grégoire.

De mon temps, c'était
Un sanctuaire impénétrable
Dont nul indiscret
N'eût franchi le seuil redoutable,
A tous les galans,
De peur d'accidens,
Toujours notre porte était close ;
Aujourd'hui la vôtre, et pour cause,
Est à tous venans,
Ouverte à deux battans !

Mais patience ! tout cela va changer... à l'avenir aucun seigneur, quel qu'il soit, ne pourra pénétrer en ces lieux...

DE LUYNES.

J'espère que M. le marquis de Saucourt est exclu de cette mesure ?...

HOUDANCOURT.

M. Peguillin n'y est bien certainement pas compris non plus...

D'HUMIÈRES.

Ni M. de Brienne !

CHATILLON.

Si l'on faisait cette insulte à M. Cavois, il porterait plainte à Sa Majesté, et saurait se faire rendre justice...

DE GUERVILLES.

M. de Guiche aussi...

Mme DE NAVAILLES.

Ce sont précisément ces Messieurs que la proscription concerne plus particulièrement.

D'HUMIÈRES.

Eh ! mon Dieu! qu'ont-ils fait, pour qu'on use à leur égard d'une telle rigueur?... Ils sont donc bien criminels?...

Mme DE NAVAILLES.

Au premier chef !... Figurez-vous que, la nuit dernière, à la suite d'un souper, auquel assistait Sa Majesté, ces jeunes étourdis, échauffés par le vin de champagne, excités par de mauvais propos, ont tenu, à ce qu'on prétend, des discours assez peu révérencieux sur votre compte...

TOUTES.

Qu'ont-ils pu dire ?...

D'ARTIGNY.

Jusqu'à présent, Dieu merci ! nous n'avons donné aucune prise à leurs médisances...

Mme DE NAVAILLES.

C'est sans doute le dépit qui les faisait parler... car il fallait les entendre... c'était à qui vous lancerait un trait... Les uns soutenaient que cette sagesse dont vous faites parade, n'était qu'un masque qui ne demandait qu'à tomber... que l'occasion se présente, ajoutaient les autres, et l'on verra...

D'HUMIÈRES.

Les insolents !

Mme DE NAVAILLES.

Alors, pour se convaincre du fait, tous, d'un commun accord, ont juré de mettre ce soir votre vertu à l'épreuve, en s'introduisant, à minuit, furtivement dans vos chambres,..

D'HUMIÈRES.

C'est indigne ! nous compromettre à ce point... faire croire à des choses... ah ! Messieurs les gentilshommes...... Vous méritez une leçon....

TOUTES.

Certainement !

D'ARTIGNY.

Et d'abord jurons au bal de ce soir de ne pas leur adresser la parole....

Mme DE NAVAILLES.

Cela vous sera d'autant plus facile, que vous n'irez pas...

TOUTES avec étonnement.

Comment?... nous n'irons pas au bal?...

D'ARTIGNY.

Cependant notre service auprès de la jeune reine exige....

Mme DE NAVAILLES.

Sa Majesté est souffrante.... elle ne quittera pas ses appartemens... Molina, sa première camériste, m'en a donné avis...

CHATILLON.

Que c'est désagréable !...

HOUDANCOURT.

Perdre une si belle occasion de nous amuser !...

D'HUMIÈRES.

Et de nous venger de l'impertinence de ces Messieurs...

Mme DE NAVAILLES.

Prenez Mesdemoiselles... il est à peu près... soir

cette noble indignation !... (On entend des éclats de rire bruyans derrière la coulisse.) Mais qui vient là ?... (remontant la scène.) Bonté divine !... ce sont eux !...

TOUTES.

Quelle audace !

Mme DE NAVAILLES.

Eh ! vite ! reprenez votre ouvrage !... (Grand mouvement parmi les filles qui courent çà et là pour aller se remettre à leurs places.) Surtout n'ayez pas l'air de vous occuper d'eux...

D'ARTIGNY.

Comme je ne répondrais pas de moi... je vais fermer les yeux, afin de ne pas les voir. (Elle s'assied seule du côté opposé, prend un livret et feint de dormir.)

SCÈNE IV.

LES MÊMES, LE ROI, DE BRIENNE, PÉGUILLIN, SAUCOURT, AUTRES SEIGNEURS.

LE ROI, paraissant le premier à la porte du fond, et s'arrêtant sur le seuil.

Peut-on entrer, Mesdemoiselles ?... Personne ne répond !... tant mieux !... qui ne dit mot, consent.

Air : Tes jolis yeux bleus ! Loïsa Puget.

C'est nous ! nous voici !
N'ayez nul souci ;
Recevez, ici,
Nos vœux, notre hommage !
J'aime ce séjour
Qu'habite l'amour,
Je m'y dédommage
Des ennuis de cour.
Toujours un charmant entourage
En ces lieux s'offre autour de moi ;
Ici la beauté, sans partage,
Règne... et moi, je n'y suis plus roi !

REPRISE ENSEMBLE.

(A la vue de Sa Majesté, les filles d'honneur se lèvent à demi de leurs siéges, font une légère révérence, puis se rasseyent aussitôt, tenant toujours les yeux fixés sur leur ouvrage.)

LE ROI.

Excusez nous, mes toutes belles, si sans nous faire annoncer, nous venons ainsi vous surprendre !...

Mme DE NAVAILLES, s'approchant du roi, et lui faisant une profonde révérence.

Nous sommes surprises, en effet, sire !...

LE ROI, bas aux Seigneurs.

Mme de Navailles ! que le diable l'emporte !

Mme DE NAVAILLES.

Nous étions bien loin de nous attendre à l'honneur de votre visite...

LE ROI, l'interrompant.

Eh! palsambleu! n'allons-nous pas partout où nous sommes assurés de rencontrer d e frais visages et de gracieux sourires?...

Mme DE NAVAILLES, saluant.

Merci! du compliment, sire!

BRIENNE, bas au roi.

Tiens! la vieille qui prend ça pour elle?

LE ROI, bas aux seigneurs.

Mais voyez donc, Messieurs, quel arceuil glacial!...

BRIENNE, de même.

Pas un mot?...

PEGUILLIN, de même.

Pas un regard?...

LE ROI.

Il se passe ici quelque chose d'étrange!

D'HUMIÈRES, bas à ses compagnes.

Comme ils ont l'air intrigué!

Mme DE NAVAILLES, qui a été auprès des filles, leur fait signe de se taire.

Chut!! ne dites rien?

LE ROI.

Il faut en avoir le cœur net... Interrogeons les l'une après l'autre... (Apercevant Mlle d'Artigny.) Celle-ci d'abord, qui est seule... (S'approchant d'elle et l'examinant.) Eh! mais! je la reconnais... c'est Mlle d'Artigny... quel bonheur!..... Salut! à la plus piquante des filles d'honneur de la reine!

AIR: De votre bonté généreuse.

Pourquoi garder cet obstiné silence?
Vous avez tort! parlez, répondez-nous!
Veuillez y mettre un peu de complaisance!
Tournez vers moi votre regard si doux...

(Parlé.) Que vois-je? elle dort! (Se penchant sur le dos du fauteuil, et lisant le titre du livre qu'elle tient ouvert devant elle.) « OEuvres de Dema- est... Je ne m'étonne plus!

Sur ces vers, vous dormez, ma fille?
Ce trait va vous mettre en crédit:
Je ne vous croyais que gentille,
Allons, vous avez de l'esprit!
Oui, je le vois, vous avez de l'esprit!

(Faisant signe aux seigneurs de s'éloigner d'elle.)

Ne troublons pas le sommeil de l'innocence.
(Le roi et sa suite vont pour se diriger vers les filles qui occupent le côté opposé du théâtre, quand ils se trouvent nez-à-nez avec Mme de Navailles qui semble vouloir leur barrer le passage.

LE ROI, bas, avec impatience.

Toujours Mme de Navailles!

PEGUILLIN.

Est-ce qu'elle va rester là?

LE ROI.

Continuez l'attaque... je vais vous en débarrasser.. (Les seigneurs se répandent dans la salle; et au moment où Mme de Navailles va pour tenter un dernier effort en se plaçant devant les filles, le roi la prend par la main, puis l'amène d'un air grave sur le devant de la scène.) Pardon, Mme la duchesse, il me vient une réflexion...

Mme DE NAVAILLES, regardant avec inquiétude derrière elle.

Sire, je suis à vos ordres.

(Pendant le petit dialogue suivant les seigneurs se sont appuyés sur le dos des fauteuils, occupés par les filles d'honneur; celles-ci refusent de répondre aux avances et aux agaceries qui leur sont faites.)

LE ROI.

Allez donc, je vous prie, de ma part, vous informer chez la jeune reine de l'heure à laquelle, ce soir, elle désire se rendre au bal?...

Mme DE NAVAILLES.

Sire, la reine s'étant trouvée légèrement indisposée, m'a fait savoir qu'elle garderait ses appartemens.

LE ROI.

En vérité!... (Bas à Brienne.) Cela sert nos projets! (Haut à Mme de Navailles.) Il faut, en ce cas, envoyer quérir l'un de nos médecins, et c'est vous que je charge de ce soin...

Mme DE NAVAILLES.

Désolée de ne pouvoir vous obéir, sire!

LE ROI, à part, contrarié.

Encore!

Mme DE NAVAILLES.

Ma charge m'impose ici des devoirs...

LE ROI.

Quels devoirs?...

Mme DE NAVAILLES.

Ne suis-je pas gran' maîtresse des filles d'honneur de la reine?.. En cette qualité j'ai ordre de veiller sur leur vertu, que pendant mon absence...

LE ROI, l'interrompant.

Eh! mon Dieu! Mme la duchesse, ne vous donnez pas tant de souci, il vous sera fort difficile de garder ce trésor dont chacun de nous a la clé...

Mme DE NAVAILLES, scandalisée.

Ah! sire!

LE ROI.

Voyons! croyez-vous, oui ou non?...

Mᵐᵉ DE NAVAILLES.

Ce que vous me demandez est impossible !

LE ROI, s'échauffant peu à peu.

Impossible !... Ah ! vous le prenez sur ce ton !... Eh bien ! ce que je réclamais tout à l'heure, comme une faveur... je l'exige à présent... Sortez !... je vous l'ordonne... Morbleu ! sacrebleu !...

LES SEIGNEURS, qui de loin ont été témoins de cette scène, et qui se sont rapprochés du roi.

Qu'avez-vous, sire ?...

LE ROI, à Mᵐᵉ de Navailles.

Oser me résister !... à moi ?... Ne suis-je pas le maître, céans ?.. le roi, enfin ?... Répondez !...

Mᵐᵉ DE NAVAILLES,

Sire, voici ma réponse. (Elle lui remet un papier.)

LE ROI, le prenant.

Quel est ce papier ?...

Mᵐᵉ DE NAVAILLES.

Un ordre signé du cardinal.

LE ROI, lisant le papier.

Et de ma mère ?... par lequel on m'interdit, à moi et à mes amis, l'entrée de... (S'interrompant et froissant l'écrit avec colère. —A lui-même.) Quelle insolence !... me faire subir une telle humiliation !... et en leur présence encore !... Ah ! Mᵐᵉ la duchesse ! vous me le paierez... (Il jette le papier aux pieds de Mᵐᵉ de Navailles qui le ramasse vivement.)

BRIENNE.

Que voulez-vous, sire ?... ainsi que nous, il faut vous résigner... (Aux seigneurs.) Allons, Messsieurs... (Fausse sortie.)

LE ROI, frappant du pied.

Par là mordieu ! je ne sortirai pas ! (Il se promène avec agitation.) Le cardinal prétend-il toujours me traiter en enfant ?.. Il oublie donc que j'ai grandi... que je suis un homme !...

Air du premier prix.

Je saurai de son insolence
Me venger... et dans mon dépit,
Je veux... mais, Madame, j'y pense,
Donnez-moi d'abord cet écrit ;
Qu'en morceaux, vous puissiez lui rendre
Cet ordre dont il vous chargea...

Mᵐᵉ DE NAVAILLES, cachant vivement le papier dans son sein, et avec dignité.

Sire, en ce cas, venez le prendre...

LE ROI, s'éloignant.

Je n'irai pas le chercher là !...

Mᵐᵉ DE NAVAILLES.

C'est agir sagement... Mais comme en res-

tant plus longtemps, je craindrais d'éveiller votre tentation... je vous cède la place... (Elle fait une révérence au roi qui lui tourne le dos.)

LE ROI, bas aux seigneurs.

Ce n'est pas sans peine !

Mᵐᵉ DE NAVAILLES, aux filles, avec autorité.

Et vous, Mesdemoiselles, enfermez-vous dans vos chambres...

LES FILLES.

CHŒUR.

Air de Paul Henrion.

Nous nous empressons d'obéir,
Puisque tel est votre désir !
Nous pourrons parler à loisir ,
Car c'est par trop nous contenir.

(Elles viennent toutes, en passant, saluer les seigneurs et le roi qui contient à peine son dépit ; Mᵐᵉ de Navailles sort par le fond.)

SCÈNE V.
LE ROI, LES SEIGNEURS.

LES SEIGNEURS, les regardant partir.

Eh ! bien ! elles s'en vont !...

LE ROI.

Ah ! ça ! Messeigneurs , concevez-vous rien à ce qui nous arrive ?...

SAUCOURT.

Il y a là-dessous quelque mystère caché !...

LE ROI.

Que je découvrirai, je jure Dieu !... Je soupçonne la reine de ne pas être étrangère à l'affront que je reçois...

BRIENNE.

Vous croyez, sire ?...

LE ROI.

Elle est si jalouse !... Mais je m'insurge à la fin... je lève l'étendard de la révolte !...

BRIENNE.

Nous nous rangeons tous sous votre bannière.

LE ROI.

On nous chasse par la porte !... Eh bien ! vive Dieu ! nous entrerons par les fenêtres.

BRIENNE, allant à une des fenêtres du fond.

Précisément, ce balcon est à peine à vingt pieds du sol... Ciel ! que vois-je ? des grilles partout ?...

PÉGUILLIN, qui à son tour a remonté la scène.

Et les portes aussi ?... verrouillées ?...

LE ROI.

Dieu me damne ! il y a trahison !

TOUS.

Comment faire ?...

LE ROI.

Vous êtes embarrassés ?... Qu'importe ces obstacles !... nous les surmonterons !...

BRIENNE.

Quoi ! sire, vous voulez ?...

LE ROI.

Pénétrer dans la place, comme nous en sommes convenus...

PÉGUILLIN.

Par quel chemin ?

LE ROI.

Nous nous mettrons en quête de quelqu'autre issue... l'ennemi en vaut la peine, Messieurs... Je ne parle pas de Mme de Navailles... mais du joli bataillon qu'elle commande... de Mlle d'Artigny surtout, si vive, si piquante, si décidée... Quel charmant adversaire à combattre !...

AIR d'Arweld.

Je ne crains pas beaucoup sa résistance ;
Si j'ai bien lu dans ses yeux, dans son cœur,
Je suis aimé... j'en suis donc sûr, d'avance,
De ce combat, je sortirai vainqueur.
Non : mon bonheur ne peut se faire attendre ;
En guerre on fait de rapides progrès,
Quand l'ennemi, qui feint de se défendre,
Est de moitié déjà dans le succès.

Ce sera ma première campagne !...

BRIENNE.

Et votre première victoire...

LE ROI, avec fatuité.

Oh ! non... pas la première... seulement une de plus !... A ce soir donc ! Messieurs !

BRIENNE.

En quel lieu nous retrouverons-nous, sire ?...

LE ROI.

Dans mon cabinet, où nous tiendrons notre conseil galant...

PÉGUILLIN.

Pourvu que le comte de Monté-Fiasco, qui guette partout Votre Majesté, ne vienne pas nous y relancer ?..

LE ROI.

Vous m'y faites penser... Le fait est que j'ai affaire à un terrible et audacieux solliciteur...

PÉGUILLIN.

Ah ! ça ! que veut-il ?

LE ROI.

Que j'accorde à son maître l'autorisation d'entretenir une marine...

BRIENNE.

A quoi bon ?...

LE ROI.

Je l'ignore... Tout ce que je sais, c'est qu'il m'ennuie, qu'il m'obsède... Il est sans cesse sur mes pas... Chaque jour, il m'écrit lettre sur lettre, pour me demander une audience que je ne puis me décider à lui accorder...

BRIENNE.

Pourquoi ?....

LE ROI, gaîment.

Il est trop laid !... Mais l'heure approche... séparons - nous, dans la crainte de quelque fâcheuse rencontre.

UN HUISSIER, entrant et annonçant.

La reine !...

LE ROI, étonné.

Qu'est-ce que je disais ?

SCENE VI.

LES MÊMES, LA REINE, Mme DE NAVAILLES.

LA REINE, entrant. — Bas à elle-même en apercevant le roi.

On ne m'avait pas trompée !...

(Haut et jouant l'étonnement.)

Eh ! quoi ! c'est vous, sire ? J'étais loin d'espérer...

LE ROI, avec mauvaise humeur.

De me trouver ici, n'est-ce pas ?... Ma foi ! Madame, je me disposais à sortir... Permettez que je prenne congé de vous...

LA REINE.

Déjà !... Depuis hier, c'est la première fois que je vous vois...

LE ROI.

A mon grand regret, je vous jure... Les affaires de l'État occupent tous mes instants... Avant d'être mari, je suis roi !... Madame... et, vous le savez, un monarque se doit à ses sujets...

LA REINE, avec intention.

Et un peu à ses sujettes...

LE ROI.

Je cours m'enfermer dans mon cabinet de travail, où je ne veux recevoir personne... (Se tournant vers les seigneurs.) Excepté vous, Messieurs, qui allez me suivre... je réclame le concours de vos conseils et de vos lumières... (Bas à Brienne.) Pour m'éclairer cette nuit... (Il s'incline devant la reine et Mme de Navailles, à laquelle il lance un coup d'œil foudroyant.)

Mme DE NAVAILLES, à part,

Dieu! quels regards!...

LE ROI ET LES SEIGNEURS, bas entre eux.

CHOEUR.

Air du Puits d'amour.

Amis de la prudence,
Soyons discrets !
Gardons bien le silence
Sur nos projets...
Quitions cette demeure ;
Mais songeons tous
A revenir à l'heure
Du rendez-vous !

(Ils sortent par le fond, après avoir salué la reine; en passant devant Mme de Navailles, ils affectent de se couvrir.)

Mme DE NAVAILLES, à part.

Les mal-appris!...

SCÈNE VII.
LA REINE, Mme DE NAVAILLES.

LA REINE, regardant partir le roi.

Il s'en va, sans me dire un mot aimable... Après un mois de mariage... vous le voyez, Mme la duchesse... il ne m'aime pas..... il ne m'aimera jamais...

Mme DE NAVAILLES.

Le roi est si jeune... vingt ans à peine... Avec l'âge, il vous reviendra... Espérons aussi dans l'efficacité des mesures prises à l'égard de vos filles d'honneur...

LA REINE.

Hélas! elle ne savent pas tous les chagrins qu'elles me causent...

Mme DE NAVAILLES.

Si, au lieu de se laisser aller à leur étourderie, à leur légèreté habituelles, elles avaient pris modèle sur moi...

LA REINE.

Bien des choses ne seraient pas arrivées...

Mme DE NAVAILLES.

Moi, au moins en présence de ces Messieurs, j'ai la prudence d'être toujours très réservée... Ce qui fait que ni le roi, ni aucun des seigneurs de sa suite, ne s'est permis, à mon endroit, la plus petite galanterie, le moindre mot d'amour...

LA REINE.

Je vous crois sans peine, Mme la duchesse !... il paraît que ces Messieurs ne sont pas si scru-

puleux envers ces demoiselles... Mon honneur, par exemple!... Voyons, ne me cachez rien... avouez-moi franchement le nom de celle d'entre mes filles d'honneur, qu'il semble affectionner le plus ?

Mme DE NAVAILLES.

J'ai bien peur qu'il ne les affectionne toutes... un peu...

LA REINE.

Molina m'avait parlé de Mlle d'Artigny...

Mme DE NAVAILLES.

J'ai cru m'apercevoir en effet que c'est elle que Sa Majesté préfère...

LA REINE.

Cette préférence... plus de doute ! c'est de l'amour... Mlle d'Artigny est jolie... On la dit spirituelle... j'ai tout à craindre...

Air : Je sais attacher des rubans.

Je suis peu savante en amour;
Je ne sais qu'aimer... comment faire?...
A mon mari je voudrais à mon tour
Aussi m'instruire en l'art de plaire...
Toutes ces dames, il paraît,
Qu'en mon ignorance j'implore,
Connaissent cet heureux secret...
Ici, seule, hélas je l'ignore !...

N'importe! s'il en est temps encore, je les verrai, je les supplierai de m'enseigner comment je dois m'y prendre...

Mme DE NAVAILLES.

Quoi! Votre Majesté aurait l'intention ?...

LA REINE.

C'est un dessein que j'ai formé depuis long-temps, et que je prétends mettre à exécution, aujourd'hui même... L'indisposition subite que j'ai feinte, n'est que dans ce but.

Mme DE NAVAILLES.

Il serait vrai ?

LA REINE.

Pendant que le roi et toute la cour seront à la fête, qu'on me croira endormie, et après avoir congédié tous mes serviteurs, je viendrai m'enfermer ici seule avec vous... Je causerai avec ces demoiselles... j'interrogerai adroitement Mlle d'Artigny... comme cela peut-être au viendrai-je ?... Surtout, faites en sorte que personne ne vienne nous déranger.

Mme DE NAVAILLES.

Tout sera fait, suivant le désir de Votre Majesté.

LA REINE.

J'arriverai par ce petit escalier dérobé, qui communique de ma chambre à coucher dans cette salle... je n'ai pas besoin de vous recommander le secret...

Mme DE NAVAILLES.

Je serai muette.

ENSEMBLE.

Air de l'As de cœur.

LA REINE.

Du mystère !
J'espère
Ce soir
Tout savoir ;
Silence !
Prudence,
Bon espoir !
Au revoir.

Mme DE NAVAILLES.

Du mystère !
Elle espère
Ce soir
Tout savoir,
Silence !
Prudence,
Bon espoir !
Au revoir.

(La reine disparaît par la porte de communication.)

SCÈNE VIII.

Mme DE NAVAILLES, un moment seule, puis le comte de Monté-Fiasco, un peu après LES FILLES D'HONNEUR.

Mme DE NAVAILLES.

Pauvre petite reine !... comme elle est tourmentée !... Mais qu'elle se rassure, je veillerai pour elle, et aussi un peu pour moi... car voici bientôt la nuit !... A chaque instant je tremble de voir apparaître ce fameux comte de Monté-Fiasco qui m'a menacée de sa visite nocturne... Que dirait-on si l'on me surprenait en tête-à-tête avec lui... je serais perdue !... Espérons qu'il n'aura pas l'audace... (Apercevant le comte.) Jésus Maria ? C'est lui !... déjà !...

LE COMTE, paraissant à la porte du fond et s'arrêtant sur le seuil. — A part à lui-même.

On m'a assuré que je trouverais le roi dans cette salle... Entrons. (Regardant autour de lui). Eh ! mais, je ne le vois pas... (Haut à Mme de Navailles.) Pardon, Madame... pourriez-vous m'indiquer... (La reconnaissant.) Heureux hasard !... je ne me trompe pas !... c'est Mme la duchesse de Navailles ?

Mme DE NAVAILLES, troublée.

Vous ici, Monsieur, et à cette heure ?... Qu'y venez-vous faire ?...

LE COMTE.

Solliciter une faveur à laquelle j'aspire depuis bien longtemps...

(A ce moment toutes les portes des filles s'ouvrent successivement.

D'HUMIÈRES, ouvrant doucement sa porte. — A part.

On a parlé, je crois ?... Quelqu'un !...

(Elle se tient de manière à ne pas être vue et à entendre.

D'ARTIGNY, même jeu.

Le comte et la duchesse ensemble ?.... Écoutons !...

(Elle fait des signes d'intelligence aux autres.)

Mme DE NAVAILLES.

Il me semble, M. le comte, que vous auriez pu vous dispenser d'une démarche que je ne sais, en vérité, comment qualifier...

LE COMTE.

Que voulez-vous, belle dame ?... Puisque toutes mes lettres sont restées sans réponse, il m'a bien fallu...

Mme DE NAVAILLES.

J'aime à supposer, Monsieur, que vous n'en espériez pas...

D'ARTIGNY, A part.

Aïe ! gare l'explication !...

LE COMTE.

Pourquoi cela ?

Mme DE NAVAILLES.

Parce qu'elles sont d'une hardiesse, d'une témérité...

LE COMTE.

Vous trouvez ?...

Mme DE NAVAILLES.

La dernière surtout...

LE COMTE.

Vous l'avez lue ?...

D'ARTIGNY, à part.

Ils ne s'entendent plus, je respire !...

Mme DE NAVAILLES, baissant les yeux.

Ma pudeur s'en est alarmée... Vous y exprimez vos prétentions en des termes...

LE COMTE.

Un peu pressants peut-être ?... Cela tient à ce que moi-même je suis très pressé..... d'en finir......

Mme DE NAVAILLES, scandalisée.

Fi ! Monsieur, un tel langage !

LE COMTE, à part.

Qu'est-ce qui lui prend ?... mais, pour que le roi lui communique toutes mes lettres, il faut qu'elle soit fort bien en cœur ?... Si je tâchais de capter ses bonnes grâces ?... (Haut). Oui, duchesse, j'ai la conviction que si vous vouliez vous intéresser à moi, y mettre un peu de complaisance, tout marcherait au gré de mes désirs.

Mᵐᵉ DE NAVAILLES.

Ne vous bercez pas d'un espoir qui ne peut, qui ne doit jamais se réaliser...

LE COMTE.

Vous croyez ?...

Mᵐᵉ DE NAVAILLES.

Si je le crois !... Voilà une question !

D'ARTIGNY, à part.

Parfait ! le quiproquo continue !

LE COMTE.

Après tout ! ce que je demande est bien peu de chose...

Mᵐᵉ DE NAVAILLES.

Qu'est-ce à dire ?

LE COMTE.

AIR : Un homme pour faire.

Oui : fort peu de chose, en ce sens
Que la faveur que je réclame,
Fut accordée à bien des gens,
Sans tant de pourparlers, Madame...
Qu'ai-je donc fait, dites-le moi,
Pour être traité de la sorte ?
Quand tout le monde entre, pourquoi
Me laisser attendre à la porte ?

Mᵐᵉ DE NAVAILLES.

Qu'entendez-vous par ces paroles ?..

LE COMTE.

Je n'avance rien que je ne puisse prouver... j'ai pris à cet égard des informations précises... avec les dates et les noms des personnes...

Mᵐᵉ DE NAVAILLES, à part.

Bonté du ciel !... aurait-il découvert quelques-unes de mes anciennes erreurs de jeunesse ?

LE COMTE.

Et quand le roi aura ces documens sous les yeux, nous verrons s'il refusera encore....

Mᵐᵉ DE NAVAILLES.

D'y croire ?... ah ça ! vous tenez donc à me perdre, Monsieur ?...

LE COMTE.

Moi, pas du tout?...

Mᵐᵉ DE NAVAILLES.

En ce cas renoncez à votre coupable entreprise !...

LE COMTE, à part.

Se figure-t-elle par hasard que nous deman-

dons une marine pour faire la guerre à la France?.. (Haut). Vous avez tort, Madame, de nous prêter de criminelles intentions..... C'est tout bonnement un simple caprice que nous voulons satisfaire...

Mᵐᵉ DE NAVAILLES.

Un caprice?... assez ! M. le comte, assez !... je vous comprends !...

LE COMTE.

C'est heureux !... Ainsi vous promettez de m'être favorable ?

Mᵐᵉ DE NAVAILLES, à part.

Il me raille ! (Haut). J'en ai trop entendu.... Sortez, Monsieur, partez... Je tremble, après une semblable conversation, qu'on ne nous surprenne ensemble.

LE COMTE.

Puisque vous l'exigez, je m'esquive... nous nous reverrons cette nuit, au bal...

Mᵐᵉ DE NAVAILLES.

N'y comptez pas...

LE COMTE.

De quel air vous me dites cela? C'est égal !.. j'ai confiance... je me retire. (Il va pour sorti par l'escalier dérobé.)

Mᵐᵉ DE NAVAILLES, le retenant.

Que faites-vous ?... C'est l'appartement de la reine !...

LE COMTE.

Ah diable ! je me fourvoyais... Par où donc suis-je entré ?

Mᵐᵉ DE NAVAILLES, indiquant la porte du fond.
Par ici !...

LE COMTE.

C'est juste ! Il y a tant de portes, tant de corridors dans cette partie du château, qu'on s'y perd... avec ça que le jour commence à baisser...

Mᵐᵉ DE NAVAILLES.

Venez !.. je vais vous mettre en votre chemin...

LE COMTE.

Mille fois trop bonne !...

Mᵐᵉ DE NAVAILLES, à part.

Tâchons de le désorienter...

AIR : Arthur c'est toi.

Suivez-moi : ne soufflez pas mot ;
Craignons ici la médisance...
Pour perdre une femme, il ne faut
Qu'un moment d'imprudence.

REPRISE ENSEMBLE.

(Ils sortent tous deux ; au même moment les filles d'honneur, entr'ouvrent leurs portes avec précaution et se répandent en scène.)

SCÈNE IX.

D'ARTIGNY , D'HUMIÈRES, CHATILLON
HOUDANCOURT , GUERVILLES , DE
LUYNES.

(Pendant cette scène la nuit vient par degrés.)

D'HUMIÈRES, sur le seuil de sa porte, à voix basse
à ses compagnes.

Sont-ils partis?...

D'ARTIGNY.

Oui : Eh bien ! mesdemoiselles , vous avez
entendu?... Convenez que le hasard nous a
merveilleusement servies...

D'HUMIÈRES.

Le comte eût été dans notre secret, qu'il ne
fût pas venu plus à propos... Ah Mme la duchesse, nous vous tenons à notre tour !...

D'ARTIGNY.

Il ne s'agit plus que de la faire surprendre
en flagrant délit...

DE LUYNES.

Ce soin nous regarde...

D'HUMIÈRES.

Mais que la vengeance que nous voulons tirer
d'elle, ne nous fasse pas oublier l'injure que
nous ont faite ces messieurs..

TOUTES.

Sans doute ?

D'ARTIGNY.

Je fais une réflexion... Si ces jeunes seigneurs
n'étaient pas coupables?... si c'était une histoire inventée à plaisir par notre grand'-maî-
tresse !...

DE GUERVILLES.

Le fait est, qu'elle en serait bien capable !...

D'ARTIGNY.

Nous n'avons point de preuves... peut-être
avons-nous tort de ne pas attendre leur justifi-
cation?...

HOUDANCOURT.

C'est vrai!.. Avant de les punir il faut les
[illegible]... que l'une de nous, sans faire sem-
blant de rien, aille donc les retrouver.. Co[illegible]
[illegible] saurons à quoi nous en tenir... Si
vous voulez, ce sera L[illegible]. (Elle remonte la scène
et sort en passant par la fenêtre de droite.)
[illegible] est encore là sous ce balcon...

TOUTES, allant regarder

Vraiment?

[illegible]

[illegible]

D'HUMIÈRES, à la fenêtre.

Mme de Navailles est au milieu d'eux... elle
pérore... Je parie qu'il est question de nous...
Ah! elle les quitte brusquement... et revient de
ce côté...

SCÈNE X.

LES MÊMES, Mme DE NAVAILLES.

Mme DE NAVAILLES, entrant sans les apercevoir.

Quelle indécence !.. me croire capable de..
Ah ! j'en rougis encore de honte...

D'ARTIGNY.

Eh ! mon Dieu ! Mme la duchesse, après qui
en avez-vous ?...

Mme DE NAVAILLES.

Après qui?... après M. de Brienne...

D'HUMIÈRES.

Vous aurait-il manqué de respect ?..

Mme DE NAVAILLES,

Pis que cela !... N'a-t-il pas eu l'effronterie
de me demander à moi, la duchesse de Navailles,
s'il me serait agréable de me charger, de la part
du roi, d'un billet pour Mlle d'Artigny ?...

D'ARTIGNY.

Pour moi?... et vous avez refusé?

Mme DE NAVAILLES.

De la manière la plus positive.. puis, en har-
dis par son exemple, MM. Péguillin, de Guiche
et les autres, qui s'étaient d'abord tenus à l'é-
cart, m'ont aussitôt entourée, en me suppliant
de remettre de pareilles lettres à chacune de
vous.

D'ARTIGNY, bas à ses compagnes.

Je vous l'avais bien dit, c'était leur justifica-
tion.

Mme DE NAVAILLES.

Après une proposition pareille, j'ai dû quitter
la place... Qu'ils y viennent à présent?... D'ici
je les défie... je les brave... pour plus de sûreté, fermons portes et fenêtres... (Elle remonte
la scène ; en se retournant, elle laisse voir plusieurs
lettres attachées au bas de sa robe.)

D'ARTIGNY, qui s'en est aperçue, à part.

Que vois-je?... (Bas aux autres) Regardez,
[illegible] demoiselles?

TOUTES.

Des lettres?

[illegible]

[illegible]

près de Mme de Navailles qui tourne le dos au public.) Permettez, Madame, que nous vous aidions.

Mme DE NAVAILLES.

C'est inutile !...

TOUTES, venant l'entourer.

Nous ne souffrirons pas...

Mme DE NAVAILLES.

Merci ! vous dis-je... je ne veux m'en rapporter qu'à moi-même.

(Sur un signe de d'Artigny les filles ont saisi le moment favorable pour s'emparer des billets.)

TOUTES, bas entre elles et à part.

Nous les tenons !...

Mme DE NAVAILLES, revenant sur le devant de la scène.

Voilà qui est fait !.. maintenant, je vais jeter un coup d'œil dans cette galerie... puis j'ordonnerai qu'on vous apporte des lumières... Attendez-moi.....

(Elle disparaît un instant par le fond.)

D'HUMIÈRES.

La voilà partie !.. lisons vite !..

D'ARTIGNY, décachetant rapidement une des lettres.

« Chère demoiselle, restez debout, cette nuit, » ne vous endormez pas... »

D'HUMIÈRES, lisant de son côté.

« Il y va du bonheur d'une personne qui n'a » rien tant à cœur que de vous plaire... »

HOUDANCOURT, de même.

« Trois coups frappés dans la main, seront » le signal...»

GUERVILLES, de même.

« Ouvrez, sans crainte, si vous voulez me » connaître... »

CHATILLON, de même.

« Jusque là amour et mystère...»

DE LUYNES.

Point de signature ?...

D'HUMIÈRES.

C'est une circulaire !..

TOUTES.

Quelle insulte!..

D'ARTIGNY.

Pour qui nous prend-elle?..

D'HUMIÈRES.

Ainsi notre [illegible]

HOUDANCOURT.

Que faire !.. que résoudre ?..

D'ARTIGNY, réfléchissant.

Attendez !.. une idée... (A part.) Oui... c'est cela... Ces habits de pages qui sont dans nos chambres..... C'est le seul moyen de nous sauver.....

NUIT COMPLÈTE A LA RAMPE.

Eh bien !..

D'ARTIGNY.

AIR de la Permission de dix heures.

Rallions-nous en face du danger !
Il faut toutes nous protéger ;
Voici l'instant de nous venger !
Ils vont venir,
Loin de fuir,
De gémir,
Sachons plutôt
Déjouer leur complot ;
Et, pour cela,
J'ai trouvé là
Un bon moyen ;
Ne craignez rien,
Tout ira bien !
Faibles que nous sommes,
Ayons donc une fois du cœur !
Montrons que des hommes
N'ont jamais su nous faire peur !
Moi je veux, bravant leur menace,
Leur courroux,
Les voir demander grâce,
A genoux,
Devant nous,
Tous.

D'HUMIÈRES.

Mais au moins, explique-nous...

D'ARTIGNY.

Silence ! j'entends Mme de Navailles... Venez de ce côté, je vais vous faire part du plan que je médite.

(Au moment où Mme de Navailles paraît, elles se rangent toutes autour de d'Artigny qui parle à voix basse et avec vivacité au milieu d'elles.)

SCÈNE XI.

LES MÊMES, Mme DE NAVAILLES, suivie de quelques domestiques.

Mme DE NAVAILLES, aux domestiques.

Déposez ces flambeaux sur cette table, et sortez...

(Après que les domestiques ont exécuté cet ordre, elle les accompagne jusqu'à la porte d'entrée, dont elle pousse le verrou...)

D'ARTIGNY, sur le devant de la scène, bas aux autres, pendant que Mme de Navailles est occupée au fond.

Ainsi, vous avez compris?

TOUTES.

Parfaitement !

D'ARTIGNY.

Au signal convenu, vous paraissez, et...

Mme DE NAVAILLES, revenant vers elles.

Nous voici sous clé... j'ai fait ma ronde ; tout est calme au dehors... allumez vos bougies et rentrez...

(Elles vont toutes prendre un flambeau qu'elles allument à une bougie placée sur la table.)

TOUTES, lui faisant des révérences.

Bonne nuit ! Mme la duchesse !..

Mme DE NAVAILLES.

Bien obligée !.. ah! j'oubliais !... comme la jeune reine pourrait, ce soir, avoir besoin de vous, soyez prêtes au premier signal...

D'HUMIÈRES.

Par prudence , nous ne nous coucherons pas...

Mme DE NAVAILLES, en s'éloignant, à part.

Moi... je ne dormirai que d'un œil...

TOUTES, bas entre elles.

A notre toilette !..

CHŒUR.

Reprise de la fin de l'air précédent.
Faibles que nous sommes,
Ayons donc une fois du cœur !
Montrons que des hommes
N'ont jamais su nous faire peur !
Espérons, bravant leur menace,
Leur courroux,
Qu'ils demanderont grâce
A genoux,
Devant nous,
Tous !..

(Elles se retirent dans leurs chambres, Mme de Navailles dans la sienne, emportant le bougeoir qui est sur la table. Nuit complète et musique en sourdière à l'orchestre.

SCÈNE XII.

PÉGUILLIN, DE GUICHE, SAUCOURT, CAVOIS.

PÉGUILLIN, sortant de la cheminée.

Ouf! enfin me voilà dans la place !.. (Après avoir pris connaissance des lieux.) Personne!.... (Retournant sur ses pas, et à voix basse.) Mes seigneurs, vous pouvez descendre !..

SAUCOURT, paraissant à son tour.

Tudieu! quel chemin !..

CAVOIS, de même.

Il y fait noir comme dans un four !..

(Ils sont tous descendus l'un après l'autre.)

CHŒUR.

Air du For-l'Évêque.
Amis, voici minuit ;
Profitons de la nuit,
Avançons en silence ;
Il faut souffrir un peu,
Notre amour en ce lieu
Aura sa récompense...

PÉGUILLIN.

Que voulez-vous ?.. Il nous a bien fallu passer par la cheminée, puisque c'est la seule issue qu'on n'ait pas condamnée..... mais souvenons-nous qu'à la moindre indiscrétion, cette voie, notre unique et dernière espérance, nous sera fermée...

SAUCOURT.

Il importe donc, dans la crainte de quelque surprise, de commencer l'attaque sur le champ.

CAVOIS.

D'autant plus que le roi et notre ami de Brienne, sont restés sur les toits... attendant que nous leur préparions une entrée triomphale.....

PÉGUILLIN.

Il ne faut pas laisser se morfondre trop longtemps là haut le corps d'armée dont nous formons l'avant-garde... voyons si l'ennemi est à son poste..... Grâce aux lettres, dont la vieille de Navailles a eu l'obligeance de se charger, ces demoiselles, nos alliées, n'attendent que notre arrivée.

TOUS.

Donnons le signal !...

Reprise de l'air précédent.

Près de son tendre objet,
En amoureux discret,
Que chacun se comporte !
Frappons bien doucement ;
L'amour, qui nous attend,
Va nous ouvrir la porte !..

(Chacun d'eux, marchant sur la pointe des pieds, va se placer devant la porte de chaque fille d'honneur, et frappe discrètement trois coups dans la main.)

SCÈNE XIII.

LES MÊMES, TOUTES LES FILLES D'HONNEUR, sous des habits de pages.

(A peine les seigneurs ont-ils frappé, que chacune d'elles paraît sur le seuil de sa porte, comme pour en défendre l'entrée.)

LES SEIGNEURS.

Les voici !....

(Ils vont au devant d'elles.)

LES FILLES, contrefaisant et grossissant leurs voix en les repoussant.

On ne passe pas !....

LES SEIGNEURS, s'arrêtant.

Qu'est-ce à dire ! (Les examinant.) Des seigneurs étrangers?

SAUCOURT, bas aux autres.

Malédiction !.. nous avons été livrés...

PÉGUILLIN, aux filles.

Or ça, mes gentilshommes, que voulez-vous ? et de quel droit vous trouvez-vous ici ?..

D'ARTIGNY, faisant un pas en avant.

Et vous ?.. Nous connaissons vos projets..... Aussi malheur aux audacieux !... (Bas à ses compagnes.) Tâchons de les effrayer !.

PÉGUILLIN.

Ah ! ça, qui êtes-vous donc, mon petit Monsieur, pour le prendre sur ce ton ?...

D'ARTIGNY, d'une voix forte.

Le frère de Mlle d'Artigny.

D'HUMIÈRES, s'avançant à son tour.

Moi, le cousin de Mlle d'Humières...

DE LUYNES, de même.

Et moi, le fiancé de Mlle de Luynes...

DE GUERVILLES, de même.

Vous parlez à l'oncle de Mlle de Guervilles...

CHATILLON, de même, mais d'un ton mal assuré.

Au père de Mlle de Châtillon...

HOUDANCOURT, à part.

Elle m'a pris mon mot !..

PÉGUILLIN.

Prétendez-vous vous railler de nous ?.. à ce compte (s'adressant à Houdancourt), il ne manquerait plus que vous ne fussiez, vous, le grand-père ou le bisaïeul de l'une de ces demoiselles ?.....

HOUDANCOURT, embarrassée et cherchant.

Moi... je suis... je suis un gentilhomme qui désire garder l'anonyme...

SAUCOURT.

Trève de plaisanterie !.. retirez-vous...

LES FILLES, allant se placer devant la porte de leurs chambres respectives.

Encore une fois, arrière !...,

PÉGUILLIN.

Nous entrerons, vous dis-je ?..

D'ARTIGNY, d'un air décidé.

Vous n'entrerez pas, morbleu !..... (Mettant l'épée à la main.) Un pas de plus, et vous êtes morts.

(Toutes l'imitent gauchement.)

LES FILLES, menaçant les seigneurs.

AIR : La guerre !

Arrière !
Arrière !
Ou bien c'est la guerre
Entre nous !
Arrière !
Arrière !
En garde ! allons ! défendez-vous ?

D'ARTIGNY.

Vous croyez, je le gage,
Nous faire peur ici ?
Nous avons du courage...

(Bas à ses compagnes.)

Ne tremblez pas ainsi.

PÉGUILLIN, tirant son épée.

Allons ! messeigneurs, flamberge au vent !

LES SEIGNEURS, chargeant les jeunes filles.

En avant !...

REPRISE ensemble.

Arrière !

Arrière ! etc.

LES FILLES, reculant et criant.

Au secours ! au secours !...

(Elles courent se grouper en désordre dans le fond du théâtre.)

LES SEIGNEURS, apercevant de la lumière à travers la porte de Mme de Navailles.

Quelqu'un ?..

PÉGUILLIN.

Sauve qui peut !...

(Lui et les autres seigneurs se précipitent dans les chambres des filles d'honneur, dont l'entrée est restée libre.)

(Demi-jour à la rampe.)

SCÈNE XIV.

LES FILLES D'HONNEUR, Mme DE NAVAILLES.

LES FILLES.

Ciel ! Mme de Navailles !

(Elles se disposent à rentrer dans leurs chambres.)

D'ARTIGNY, les retenant.

Arrêtez !.. Ces messieurs se sont emparés de nos cabinets...

TOUTES.

Que devenir ?..

(Elles tournent toutes exprès le dos à Mme de Navailles qui entre.)

Mᵐᵉ DE NAVAILLES, paraissant, une lanterne sourde
à la main.

Quel tapage !.. que se passe-t-il ?.. (Les apercevant.) En croirais-je ma lanterne ?.. des hommes dans l'antichambre des filles de la reine !..

(Elle va examiner les fenêtres et la porte.)

D'HUMIÈRES, bas à ses compagnes.

Elle ne nous reconnaît pas !..

Mᵐᵉ DE NAVAILLES, redescendant la scène.

Tout est pourtant bien fermé !.. (S'adressant
aux filles.) Par où vous êtes-vous introduits ? Y
a-t-il ici quelque porte mystérieuse, inconnue ?..
Répondez !.. Vous gardez le silence ! je conçois,
vous êtes confus !.. patience !.. Je connais quelqu'un qui vous forcera bien à parler... je sais où
trouver son éminence... et je vais... Il est bon
qu'elle apprenne jusqu'à quel point ses ordres
ont été méconnus... mais avant tout sortez, messieurs...

D'ARTIGNY, bas.

Comment ?.. elle nous met à la porte, à l'heure
du bal ?..

Mᵐᵉ DE NAVAILLES.

Vous hésitez ?..

D'ARTIGNY, bas aux autres, en leur montrant la
porte.

Puisqu'elle le veut absolument...

Mᵐᵉ DE NAVAILLES, d'un ton sévère.

Passez devant moi !..

Air : Téméraire.

ENSEMBLE :

Redoutez la colère
De notre cardinal ;
Je cours vers lui... (A part.) J'espère
Le rencontrer au bal.

LES FILLES.

Rions de sa colère !
Malgré le cardinal,
Cette nuit, je l'espère,
Nous danserons au bal !

(Toutes s'inclinent, en riant sous cape, devant Mᵐᵉ
de Navailles, qui sort après elles ; à peine sont-
elles parties, que les seigneurs entr'ouvrent brusquement les portes des chambres.)

PÉGUILLIN, à part, jetant un coup d'œil dans la
salle.

Je n'entends plus rien... allons vite retrouver
le roi, afin qu'il échappe à ce guêpier...

(Au même moment la porte du fond s'ouvre tout à
coup. Celles des seigneurs se referment vivement.

Mᵐᵉ DE NAVAILLES, rentrant.

Imprudente que je suis !.. et moi qui oubliais
d'enfermer ces demoiselles chez elles... Met-
tons-les à l'abri de toute nouvelle tentative...

(Elle donne un tour de clé à chaque porte, et disparaît.)

(Nuit complète.)

SCÈNE XV.

BRIENNE, d'abord seul, puis le ROI.

BRIENNE, arrivant par la cheminée et regardant
autour de lui.

Où suis-je !.. quelle obscurité !.. (Appelant à
voix basse.) Péguillin !... Péguillin !... point de
réponse ?... Est-ce que nos gaillards se seraient
déjà logés en vainqueurs, pendant que Sa
Majesté et moi, nous grelottions sur les toits ?..

LE ROI, sautant de la cheminée sur la scène.

Gare là-dessous !...

BRIENNE, se retournant.

Qu'est-ce qui tombe là ?...

LE ROI, se relevant.

Le roi de France !

BRIENNE, s'approchant de lui.

C'est vous, Sire ?

LE ROI, rajustant sa toilette.

Brisé et morfondu !...

BRIENNE.

Vous seriez-vous blessé ?...

LE ROI, se frottant.

Oh ! presque rien ! une simple égratignure au
genou... mon pourpoint est le plus malade..
Voilà ce que c'est que de courir après les jolies
filles...

Air : Du fleuve de la vie.

Je me souviens dans mon enfance,
Quand je voulais cueillir parfois
Une belle rose... d'avance
Je me piquais souvent les doigts...
Femmes et fleurs, tu le devines,
Se ressemblent en pareil cas...
En amour, mon cher, il n'est pas
De roses sans épines !...

C'est égal ! grâce au ciel ! je suis parvenu à
lui échapper...

BRIENNE.

A qui ?

LE ROI.

Belle demande ! à l'inévitable amoureux
de Monaco, parbleu !.. Tout-à-l'heure, en sortant de mon cabinet, je l'ai rencontré qui était
de planton à ma porte.. Malgré l'obscurité, je
l'ai reconnu, et lui aussi... car je l'entendais
marcher derrière moi, à distance respectueuse,

me conjurant de l'écouter... ce dont je n'ai eu garde... J'ai pressé le pas.. lui alors. sans se décourager, et sans se douter du chemin que je lui faisais prendre, m'a poursuivi de sa requête jusque sur la gouttière.

BRIENNE.

Comment, il a osé?...

LE ROI.

J'en ris encore! il trottait sur les toits avec une dextérité digne de l'envoyé du scha de Perse...

BRIENNE.

Il est homme à vous pourchasser jusqu'ici, et je vais...

LE ROI.

C'est inutile! la cheminée serait sans doute comblée de le recevoir... mais elle ne s'y prêtera pas... d'ailleurs j'ai besoin de toi.

BRIENNE.

Ordonnez!

LE ROI.

Dis-moi! où sont nos amis, ces demoiselles?

BRIENNE.

Je l'ignore!

LE ROI.

Et Mlle d'Artigny?...

BRIENNE.

Probablement dans sa chambre...

LE ROI.

Annonçons-lui ma présence... (Il frappe trois coups légers dans sa main.) Et maintenant attendons !.. (Ils se retirent tous deux dans le fond du théâtre ; à cet instant la reine couverte d'une mantille, ouvre mystérieusement la petite porte de l'escalier dérobé, qu'elle referme vivement derrière elle.)

SCÉNE XVI.

LES MÊMES, LA REINE.

LA REINE, à part, à elle-même.

Personne ne m'a vue... voici l'heure que j'ai indiquée à Mme de Navailles... prévenons-la de mon arrivée...

(Elle fait quelques pas.)

LE ROI, bas à Brienne.

Attention !... j'ai cru entendre le léger frôlement d'une robe...

BRIENNE, de même.

Il me semble en effet apercevoir dans l'ombre...

LE ROI, à lui-même.

O bonheur! c'est elle !... (il appelle:) Psitt !... psitt !...

(Ils marchent tous deux à tâtons.)

LA REINE, prêtant l'oreille, (à part.)

Je ne suis pas seule ?... Mme de Navailles sans doute !...

BRIENNE, qui le premier s'est approché de la reine.

Est-ce vous ?...

LA REINE, à part, effrayée.

Qu'entends-je?... la voix d'un homme...

BRIENNE, cherchant à l'attirer du côté du roi.

N'ayez pas peur !... par ici...

LA REINE, s'éloignant, et avec dignité.

Arrêtez, Monsieur !... on ne touche pas à la reine !...

BRIENNE pétrifié, (à part).

La reine !... nous sommes perdus... (Haut.) Pardonnez... majesté !... si j'avais su !...

AIR du Mari perdu.

ENSEMBLE.

LA REINE. à part.

Ceci cache un mystère
Qu'il faut approfondir,
  Eclaircir ;
Malheur au téméraire!
Je veux le découvrir,
  Et le punir.

BRIENNE, (à part).

Quel est donc ce mystère?
Qu'allons-nous devenir,
  Comment fuir?
Qui donc en cette affaire
A pu nous desservir,
  Et nous trahir?

LE ROI.

Lorsque la nuit, ma chère,
Semble nous réunir,
  Pourquoi fuir?
En amour le mystère
Sait doubler le plaisir
  Et l'embellir.

LE ROI, qui en marchant a rencontré la main de sa femme.

Ah! je vous tiens, enfin.

LA REINE, dont l'étonnement est au comble, (à part).

Ciel !... mon mari !... par quel hasard?

BRIENNE, (à part).

Si je pouvais l'avertir...

(Il se dispose à se glisser du côté du roi.)

LA REINE, qui s'en est aperçue bas à Brienne.

Pas un mot... votre pardon n'est qu'à ce prix.

LE ROI, tendrement.

Oh! merci !... merci mille fois d'être venue...

LA REINE, émue, à part.

Qui attend-il ?...

LE ROI.

Vrai ! je ne puis croire encore à tant de bonheur !..,.. Est-ce bien vous, chère d'Artigny ?...

LA REINE, à part.

D'Artigny !... je m'en doutais...

LE ROI.

Hélas! puisque la nuit me dérobe vos traits divins... parlez, que j'entende au moins le son enchanteur de votre voix...

LA REINE, à part.

Que lui dire ?... j'ai envie de tout lui avouer... mais non... essayons plutôt de savoir jusqu'à quel point ma rivale est aimée...

LE ROI.

De grâce! répondez !.. vous le pouvez, sans crainte, devant mon ami de Brienne.. C'est mon confident...

BRIENNE, à part.

Allons, bon !... Voilà qu'il me compromet...

LE ROI.

Mais j'y pense ! peut-être est-ce la présence même d'un tiers qui vous intimide?... qu'à cela ne tienne... ce cher de Brienne, qui est très discret, va se retirer sur le balcon de cette croisée, d'où il fera sentinelle... Au moindre bruit du dehors, il pourra.., (A Brienne.) Tu as compris ?... Va-t'en !..

BRIENNE.

J'obéis !... (Allant vers le balcon.—A part.) Ma foi! qu'il s'arrange !...

(Il disparaît derrière la fenêtre.)

LE ROI, s'approchant de la reine.

Enfin ! il est parti... A présent, chère demoiselle, permettez...

(Il lui saisit la main qu'il couvre de baisers.)

LA REINE, se dégageant.

Que faites-vous, sire ?...

LE ROI.

Je prends un à-compte sur mon bonheur futur... Mais, comme vous voilà émue !... souffrez que je vous aguerrisse tout-à-fait.

(Il va pour l'embrasser de nouveau.)

LA REINE.

Finissez, sire !... C'est déjà trop d'un baiser !... car j'y songe à présent... c'est un vol fait à l'amour d'une personne...

LE ROI.

De ma femme ?... Est-ce que je puis l'aimer ?... je la respecte, voilà tout...

LA REINE.

Si Sa Majesté vous entendait ?...

LE ROI.

Oh! je n'ai rien à craindre... ce n'est pas vous ni moi qui irons lui apprendre...

LA REINE.

Dame! on ne sait pas toujours à qui, ni devant qui l'on parle...

LE ROI.

Ne cherchez point à m'effrayer, méchante !... convenez plutôt avec moi que la reine est loin de vous valoir ?... qu'elle n'a ni votre esprit, ni votre gentillesse...

LA REINE.

C'est que vous n'avez pas voulu vous en apercevoir...

LE ROI.

Est-ce qu'elle a cette taille élégante ?... cette main divine ?... cette grâce enfin qui charme et qui captive...

AIR: Ah! si madame me voyait !

Si la Reine vous ressemblait !
Je l'aimerais d'amour extrême ;
Je mettrais mon bonheur suprême
A lui prouver, chaque jour en secret,
Le sentiment qu'inspire un tendre objet.
Oui, des maris je serais le modèle !...
Je me sentirais, en effet,
La force enfin de lui rester fidèle...
Si la reine vous ressemblait.

En attendant ce miracle, laissez-moi tomber à vos pieds... vous jurer de ne jamais aimer que vous...

LA REINE.

Faut-il vous croire ?...

LE ROI.

J'en fais le serment..

LA REINE.

Serment d'amoureux, que le roi oubliera demain auprès d'une autre belle.

LE ROI, lui passant une bague au doigt.

Que cet anneau, gage de ma tendresse, éternise à toujours le souvenir de cette première nuit de bonheur !.. le voulez-vous ?

LA REINE.

Je l'accepte comme un talisman dont je me servirai pour vous rappeler votre promesse.. (A part) et sa trahison!..

BRIENNE, en dehors.

Alerte! Sire, alerte!

LE ROI, à part.

L'importun!.. (Haut à la reine) Mais vous, en échange, que me promettez-vous?..

LA REINE.

De ne rien dire à la reine!.. (Elle se sauve par la petite porte.)

BRIENNE, paraissant.

Nous n'avons pas une minute à perdre...

LE ROI.

Qu'y a-t-il?

BRIENNE.

Je viens d'entendre une foule de voix confuses, au milieu desquelles j'ai reconnu celle de la grand'-maîtresse.

LE ROI.

Fatalité!.. (Courant vers la cheminée). Par bonheur, notre échelle de cordes est encore là!.. à l'escalade!...

BRIENNE, qui a été écouter au fond.

Il est trop tard!..

LE ROI.

En ce cas, retourne à ton poste.. moi je vais me blottir de ce côté.. (Il court se cacher dans l'un des angles de la cheminée; au même instant la porte du fond s'ouvre.)

SCÈNE XVII.

Les Mêmes cachés, Mme DE NAVAILLES, les FILLES D'HONNEUR.

(Jour à la rampe; un domestique portant un flambeau.)

Mme DE NAVAILLES.

Rentrez, Mesdemoiselles, rentrez, vous disje!.. N'avez-vous pas de honte!.. oser paraître à la fête, malgré ma défense, et sous ce costume indécent!... Fi..

LE ROI, à part.

Un déguisement! que signifie...

Mme DE NAVAILLES.

Air : De l'artiste.

Tromper ma surveillance
A ce point, c'est fort mal!
Votre amour pour la danse
Vous deviendra fatal.
Pour ce soir, je l'ordonne,
Il faut y renoncer...

D'ARTIGNY, bas aux autres.

On voit bien que personne
Ne la fait plus danser.

Mme DE NAVAILLES.

J'en suis fâchée pour vous, Mesdemoiselles.. Vous avez désobéi aux ordres de la reine-mère, vous serez punies...

LES FILLES, l'entourant.

Oh! ma bonne petite Mme de Navailles... nous ne le ferons plus.

Mme DE NAVAILLES.

Je suis insensible à toutes vos cajoleries.. Je sais d'ailleurs que depuis longtemps vous cherchez à me perdre dans l'esprit de la cour... votre conduite d'aujourd'hui en est une nouvelle preuve... mais vous avez beau faire, vous n'y parviendrez pas...

D'ARTIGNY, bas aux autres.

C'est ce que nous verrons!...

Mme DE NAVAILLES, se retournant.

Hein! qu'est-ce que c'est?.. Allons, Mesdemoiselles, la nuit s'avance... retirez-vous... je vais vous barricader...

TOUTES.

Nous barricader?..,

Mme DE NAVAILLES

A l'extérieur seulement!... Je me rends à l'instant chez notre jeune reine pour l'instruire de tout ce qui se passe.. (à part), et l'engager à ne pas venir ici cette nuit... Qu'à mon retour, chacune de vous soit endormie!... je vous l'ordonne.

(Nuit complète.)

(Mme de Navailles sort par le fond; on l'entend pousser les verroux.)

SCÈNE XVIII.

Les Mêmes, excepté Mme DE NAVAILLES , LE ROI , toujours caché.

D'ARTIGNY.

Va, maudite vieille !... va faire ton rapport... Nous, Mesdemoiselles, à notre vengeance!...

D'HUMIÈRES.

Disposons vite le mannequin, avant qu'elle ne revienne...

LE ROI, à part.

Ce mannequin!... Que veulent-elles faire?...

D'ARTIGNY.

Après quoi il ne s'agira plus que d'épier l'occasion favorable.. Vous vous rappelez ce dont nous sommes convenues?...

LE ROI, à part.

Écoutons !

D'ARTIGNY.

Une fois nos deux personnages en présence,
nous paraissons tout à coup... Notre grand'
maîtresse croit que nous avons surpris son secret, et dès lors, elle est à notre discrétion...

LE ROI, à part.

Voyez-vous, les petites sournoises !...

D'ARTIGNY.

Si elle hésite à accepter les clauses du traité
que nous lui proposons, nous la compromettons
en répandant partout le bruit de cette aven-
ture...

LE ROI, à part.

C'est de la haute politique... Je voudrais
pourtant bien savoir...

D'HUMIÈRES.

Allons ! à l'œuvre, Mesdemoiselles. (Deux
d'entre elles vont ouvrir l'armoire secrète et en retirent le mannequin tout habillé, qu'elles deposent
sur un siége dans le fond, près de la chambre de
Mme de Navailles.)

HOUDANCOURT.

Place ! un fauteuil pour l'illustre envoyé de
Monaco....

LE ROI, à part.

Le comte !... Je devine tout...

D'ARTIGNY.

A présent, Mesdemoiselles, feignons d'aller
nous coucher, afin de laisser le champ libre à
notre grand' maîtresse...

D'HUMIÈRES.

Si auparavant nous nous aidions à nous débarrasser de ces costumes qui nous gênent ?...

TOUTES.

C'est cela !...

D'HUMIÈRES.

AIR de Renaud.

Après avoir écarté les dangers,
Il est temps de déposer les armes...
  (Elle détache son épée.)

D'ARTIGNY, ôtant son habit.

Quittons aussi ces habits étranges,
Qui dérobaient nos grâces et nos charmes.

LE ROI, à part.

Dieu ! que d'objets remplis d'appas,
Grâce à cette métamorphose.
Je vais pouvoir admirer, je suppose,
Mais par malheur, je n'y vois pas.
Je regarde, et je ne [illegible]

Ma foi ! je n'y [illegible] quelque chose !...
(Il fait quelques pas.)

D'ARTIGNY.

Ah ! mon Dieu ! j'ai cru entendre... Si nous
rentrions, Mesdemoiselles...

TOUTES.

Tu nous fais peur !... (Elles se dirigent vers
leurs chambres qu'elles ouvrent ; à ce moment les
seigneurs, qui y étaient enfermés, en sortent brusquement.)

TOUTES, poussant un cri d'effroi.

Ah !! (Elles se réfugient dans le fond du théâtre,
en se tenant toutes, l'une contre l'autre, muettes de
frayeur.)

PÉGUILLIN.

Cette fois, mes beaux pages, vous ne nous
échapperez pas... (Il se met à courir après elles,
ainsi que les autres seigneurs.)

SAUCOURT.

Il nous faut une revanche !...

LES SEIGNEURS, les pourchassant.

AIR : Assez courir, ma belle.

Ne soyez plus rebelles !
Il faut céder, mes belles !
Mais calmez votre effroi...

LES FILLES.

Nous vous demandons grâce !...

LE ROI, à part.

Arrêtons leur audace.

(Sortant de sa cachette ainsi que Brienne.)

Halte-là !

TOUS, étonnés.

C'est le roi !

LE ROI.

Dieu ! quelle pétulance !
Cessez en ma présence !

LES FILLES, bas entre elles.

Eh ! vite, enfermons-nous !

LE ROI.

Respect à l'innocence !...
Car je prends sa défense.

LES FILLES, à part.

Tirons bien nos verroux !

REPRISE. — LES SEIGNEURS.

Ne soyez plus rebelles !
Montrez-vous moins cruelles !
Au vainqueur, sans effroi,
Cédez de bonne grâce ;
Quand il est dans la place,
Il faut subir sa loi...

[illegible] ROI.

[illegible], Mesdemoiselles,
[illegible] pour des belles :

Ainsi donc plus d'effroi !
Et vous, Messieurs, de grâce
Désormais moins d'audace,
Obéissez au roi !

LES FILLES.

Craignons, Mesdemoiselles
Leurs instances nouvelles ;
Quoi qu'en dise le roi ;
Redoutons leur audace,
Abandonnons la place,
C'est plus prudent, je crois.

(Pendant cette reprise, les seigneurs ont recommencé à poursuivre les filles d'honneur qui finissent par leur échapper, et par leur fermer la porte sur le nez.)

SCÈNE XIX.
LE ROI, LES SEIGNEURS.

LE ROI.

Bien joué !... Ah ! ça, me direz-vous enfin d'où vous sortez, mauvais sujets ?...

PÉGUILLIN.

Parbleu ! de ces chambres où nous avaient enfermés ces demoiselles...

LE ROI.

En vérité !

PÉGUILLIN.

Que nous avons prises d'abord pour de jeunes seigneurs apostés...

LE ROI.

A cause de leurs costumes de pages ?... j'y suis !... (Partant d'un éclat de rire.) Ah ! ah ! et moi qui vous croyais en bonnes fortunes...

SAUCOURT.

Vous riez, sire !...

LE ROI.

Avouez que le tour est fort plaisant.

TOUS.

C'est une affreuse mystification !...

LE ROI.

A laquelle seul il paraît j'ai su échapper... Car tandis que vous étiez là, sous clé... moi, j'étais ici le plus heureux des hommes...

BRIENNE, à part.

C'est-à-dire, des maris...

LE ROI.

Mademoiselle d'Artigny est un ange !...

PÉGUILLIN.

Votre Majesté l'a donc vue ?...

LE ROI.

Mieux que cela... Demandez à Brienne ?... il peut l'affirmer, lui... Il faisait le guet !...

BRIENNE, embarrassé.

Certainement... sire... que... (A part.) Il me fait de la peine...

LE ROI.

Aussi, je reviendrai souvent... très souvent...

PÉGUILLIN.

Dieu vous garde de Mᵐᵉ de Navailles !...

LE ROI.

Oh ! j'espère que bientôt ces demoiselles, grâce à ce mannequin, nous débarrasseront de cet espion femelle...

TOUS.

Quel mannequin ?...

LE ROI, le leur désignant.

Là, à cette place, regardez !... Ceci vous représente l'envoyé de Monaco...

TOUS.

Ah ! bah !

LE ROI.

C'est tout une histoire... Imaginez-vous... mais non... plus tard, je vous raconterai... Le plus pressé, en ce moment, est de battre en retraite... Allons ! Brienne, ouvre la marche... Toi, Péguillin, tu me feras la courte échelle... (Brienne s'est dirigé vers la cheminée qu'il tente d'escalader.)

LE ROI, s'approchant à son tour avec les autres.

Eh bien ! y es-tu ?.

BRIENNE, faisant de vains efforts.

Impossible d'aller plus loin, sire !.., la cheminée est bouchée.

TOUS.

Voici du nouveau !

BRIENNE.

Un objet étranger en intercepte l'étroit passage...

LE ROI, tirant son épée.

N'est-ce que cela ?... Rompons cet obstacle !... (Ils s'apprêtent tous à imiter le roi, quand on entend du bruit au dehors ; ils s'arrêtent tout à coup.

BRIENNE.

Du monde !... Où nous cacher ?...

LE ROI.

Ça ne peut être que Mᵐᵉ de Navailles ?.... Observons-la !... (Ils parcourent le théâtre en tous sens, puis finissent, tant bien que mal, par trouver une cachette, les uns dans la cheminée, les autres sous la table ; le roi a été se blottir derrière le mannequin.)

SCÈNE XX.
LES MÊMES, cachés, Mᵐᵉ DE NAVAILLES.
(Demi jour à la rampe.)

Mᵐᵉ DE NAVAILLES, entrant et fermant la porte derrière elle ; elle regarde avec inquiétude autour d'elle, à l'aide d'une lanterne.

Que vient-on de m'apprendre chez la reine, bon Dieu !... qu'on avait vu rôder plusieurs hommes de mauvaise mine, toute la nuit, dans les environs de cette salle ?... C'est peut-être un homme qu'on a voulu dire ?... la peur grossit les objets... Si c'était le comte !... En effet ! on ne l'a pas aperçu à la fête, pendant toute la soirée... Aussi je ne sais pourquoi, je tremble en

...entrant dans cette chambre... Si j'allais me trouver face à face... enfant que je suis!... Assurons-nous, cependant, et voyons si tout dort en ces lieux... (Elle fait le tour de la salle, en s'éclairant de sa lanterne; arrivée près du mannequin, elle s'arrête stupéfaite.) Grand Dieu!... qu'ai-je entrevu!... encore lui! (Elle laisse tomber sa lanterne.)

LE ROI, derrière le mannequin. — A part.
Oh! la bonne idée!... (Haut et changeant sa voix.) Moi-même, belle duchesse!...

Mme DE NAVAILLES, tremblante.
Que faites-vous-là, dans ce fauteuil?..

LE ROI.
Je m'étais endormi...

Mme DE NAVAILLES, se jetant aux pieds du mannequin.
Ah! par pitié, M. le comte, je vous en conjure à genoux, fuyez, si vous tenez à ma réputation...

LE ROI.
Fuir!.. mais je ne demande pas mieux ..

Mme DE NAVAILLES, à part, se relevant.
Je respire!.... (Haut.) Eh bien! vous restez immobile!.. Qu'attendez-vous?..

LE ROI.
La clé des champs...

Mme DE NAVAILLES, présentant un trousseau de clés au mannequin.
Tenez! prenez celles-ci... elles ouvrent toutes les portes des corridors qu'il vous a fallu traverser pour parvenir jusqu'à moi...

LE ROI allonge le bras et se saisit du trousseau.
Je ne vous remercie pas...

(Il va ouvrir la porte du fond, après avoir fait signe à ses amis de le suivre.)

TOUS, sortant aussitôt de leurs cachettes.
Nous sommes sauvés!..

Mme DE NAVAILLES, terrifiée à l'apparition des seigneurs.
A l'aide! au secours!.. je suis déshonorée...

(Elle s'enfuit, en criant, par le fond.)

SCÈNE XXI.
LES MÊMES, excepté Mme de Navailles.

BRIENNE.
Suivons-la!.. par ses cris elle est capable de mettre tout le château sur pied...

(Ils vont pour s'éloigner, le roi les retient.)

LE ROI.
Un instant, Messieurs!.. Et ce mannequin?.. il faut le faire disparaître!..

TOUS.
Où le fourrer?..

LE ROI.
Eh! parbleu! dans la chambre à coucher de la duchesse... Dépêchez!.. j'ai mon projet...

(Deux des seigneurs s'emparent du mannequin et le transportent dans le cabinet désigné.)

LE ROI.
Par là, je sers à la fois la vengeance de ces demoiselles et la mienne... (Aux deux seigneurs qui reviennent.) Est-ce fait?..

SAUCOURT.
Oui, sire...

LE ROI.
Et maintenant rendons-nous dans mon cabinet, où Bontems, mon valet de chambre, a dû nous préparer quelques rôties au vin...

(Ils se disposent enfin à s'éloigner, lorsque des officiers et quelques valets, portant des flambeaux, paraissent au fond et leur ferment le chemin; en même temps la petite porte secrète s'est ouverte et a donné passage à la reine, suivie de Mme de Navailles.)

(Jour partout!.)

SCÈNE XXII.
LES MÊMES, LA REINE, Mme DE NAVAILLES, LES FILLES D'HONNEUR, UN OFFICIER, SOLDATS, DAMES ET SEIGNEURS DE LA COUR, DOMESTIQUES.

LES SEIGNEURS, bas au roi.
Aïe! nous voilà pris!..

LES FILLES, sortant de leurs chambres attirées par le bruit; elles ont repris leurs premiers vêtemens.
Des soldats!... Qu'arrive-t-il?...

L'OFFICIER.
Que personne ne sorte... (Aux seigneurs.) De par le roi, Messieurs, vos épées!..

LE ROI, s'avançant vers lui.
De par le roi!.... Quelle est cette plaisanterie?..

TOUS.
Sa Majesté!..

LA REINE, paraissant.
Quel est ce bruit!..

Mme DE NAVAILLES, arrivant aussi à la suite de la reine. — A part.
Il n'est plus là!..

LA REINE.
Que vois-je?.. vous en ces lieux, sire!..

LE ROI, à part.
Ma femme! payons d'audace!..

LA REINE.
La place n'est heureuse à vous y rencontrer...

LE ROI.
Cette fois le hasard seul, je vous jure...

LA REINE.
Le hasard!..

LE ROI.
A l'instant même, je sortais du bal, où, par parenthèse, j'ai passé une délicieuse soirée...

LA REINE, à part.
Comme il ment!...

LE ROI.

Et je me disposais à regagner mes appartemens, en compagnie de ces Messieurs, lorsque je fus attiré de ce côté par les cris déchirans poussés par Madame... alors nous nous sommes précipités dans cette salle, dont nous avons trouvé la porte ouverte... Ah ! et puis ce trousseau de clés que j'ai ramassé près du grand vestibule...

Mᵐᵉ DE NAVAILLES, vivement.

Ciel ! mes clés !.. (A part.) L'imprudent...

LA REINE.

Les vôtres !... Duchesse !... comment se fait-il ?...

Mᵐᵉ DE NAVAILLES, balbutiant.

Je vous assure que j'ignore...

LE ROI.

La personne à laquelle vous les aviez confiées les aura sans doute laissé choir en courant, car le premier objet que nous avons rencontré en entrant, est un étranger qui a pris la fuite à notre approche...

LA REINE.

Quel dommage qu'il se soit échappé !..

LE ROI.

Oh ! rassurez-vous... il est notre prisonnier... (Indiquant la chambre de Mᵐᵉ de Navailles.) Là dans ce cabinet, où il s'est réfugié...

Mᵐᵉ DE NAVAILLES.

Chez moi !..

BRIENNE, bas aux Seigneurs.

C'est se tirer adroitement d'affaire...

LE ROI, allant entrebâiller la porte.

Eh ! tenez ! l'apercevez-vous d'ici, étendu dans ce grand fauteuil...

(Chacun s'est approché pour regarder.)

LES SEIGNEURS, jouant la surprise.

Le comte de Monté-Fiasco !..

LE ROI, de même.

C'est bien lui ! (Lançant un regard à Mᵐᵉ de Navailles.) Quel est ce mystère ?..

Mᵐᵉ DE NAVAILLES, à part.

Je défaille !...

LES FILLES, à part, étonnées.

Notre mannequin !..

D'ARTIGNY, de même.

Il est donc à ressorts !

LES SEIGNEURS, passant devant Mᵐᵉ de Navailles qui est restée immobile dans un coin.)

Ah ! Madame...

LE ROI, de même.

A votre âge !..

LA REINE.

Fi ! Duchesse...

Mᵐᵉ DE NAVAILLES, à la Reine.

Madame, écoutez-moi... (Au Roi.) Sire, si vous saviez... voici le fait...

LE ROI, l'interrompant vivement.

Vous avouez donc ?..

Mᵐᵉ DE NAVAILLES.

Je vais vous expliquer ?

LE ROI.

Point d'explication... bel exemple, ma foi ! que vous donnez là aux filles d'honneur de la Reine...

LA REINE, à part.

Eh bien ! je lui conseille de parler...

LE ROI.

Quel scandale ! en vérité, la vertu n'est plu en sûreté ici.

LA REINE, à part.

Voyons s'il osera soutenir... (Haut.) Sa Majesté a raison ; moi-même, en effet, j'ai failli cette nuit...

LE ROI, avec inquiétude.

Achevez, Madame !.. cette nuit...

LA REINE.

Comme je traversais cette salle, pour me rendre auprès de Mᵐᵉ la Duchesse, un inconnu.. qui n'était pas M. le Comte...

BRIENNE, à part, avec effroi.

S'il faut qu'elle avoue, je suis perdu...

LA REINE, continuant.

Oubliant mon titre de Reine... et me prenant sans doute pour l'une de mes filles d'honneur... a osé me faire l'aveu... d'une passion...

LE ROI, vivement.

Assez, Madame, assez !..

Air : Ce que j'éprouve en vous voyant.

Celui qui d'un pareil affront,
Cette nuit, s'est rendu coupable,
Sans doute n'est pas introuvable.
Qu'on le recherche et qu'on soit prompt !
Car à punir je serai prompt.

LA REINE, attirant doucement le Roi sur le devant de la scène et à voix basse.

Sire, calmez votre colère ;
Soyez généreux envers lui !..

LE ROI,

Est-ce vous qui parlez ainsi ?
Vous défendez le téméraire ?..

LA REINE, avec mystère, en lui rendant son anneau.

Le téméraire est... mon mari...

LE ROI, à part.

Elle sait tout '.. (Haut.) Ah ! tant d'esprit, de délicatesse... me pardonnerez-vous ?..

(Il lui baise la main.)

LA REINE.

A une condition... Si je vous sacrifie Mᵐᵉ de Navailles, vous me permettrez de me priver des bons offices de Mˡˡᵉ d'Artigny...

LE ROI.

Dès demain elle entrera au couvent... (Revenant au milieu de sa suite, et s'adressant à Mᵐᵉ de

Navailles.) Quant à vous, Duchesse, la reine me charge de vous signifier...

Mᵐᵉ DE NAVAILLES.

Mon congé...

LE ROI.

A moins que vous n'aimiez mieux épouser votre séducteur.

Mᵐᵉ DE NAVAILLES.

Quel séducteur, Sire?..

LE ROI.

Il suffit!.. retournez auprès de M. de Monté-Fiasco... et dites-lui bien de ma part...

(On entend un grand bruit dans la cheminée.)

TOUS.

Qu'est-ce que c'est que ça?..

SCÈNE XXIII.

LES MÊMES, LE COMTE.

LE COMTE, roulant par la cheminée jusqu'aux pieds du roi ; il a la figure noircie et les habits en désordre.

Ne faites pas attention... c'est moi!..

TOUS.

Le comte?..

LE COMTE.

Ah! je vous trouve enfin, Sire!.. excusez-moi de me présenter, devant vous, dans cet état et par cette voie... mais...

AIR : De sommeiller encor, ma chère.

Chaque issue était condamnée ;
Ici, pour arriver plus tôt,
Moi, j'ai choisi la cheminée...

LE ROI, bas à Brienne.

C'est notre obstacle de tantôt !

LE COMTE.

J'ai fait, hélas ! une culbute
A me briser en morceaux, entre nous.
Sire, je bénis cette chute,
Puisque je tombe à vos genoux.

LE ROI.

Relevez-vous, cher Comte !...

LE COMTE.

Pas avant que vous ne m'ayez accordé...

LE ROI, lui montrant Mᵐᵉ de Navailles.

La main de madame?.. je n'attendais pas moins de votre moralité...

LE COMTE, étonné.

Plaît-il ?..

LE ROI.

Après la scène qui s'est passée, c'est ce que vous aviez de mieux à faire...

LE COMTE, se relevant vivement.

Quelle scène !..

LE ROI.

C'est connu!.. vous aimez madame... madame vous aime... ainsi...

LE COMTE.

Je n'y suis pas du tout !..

Mᵐᵉ DE NAVAILLES, bas au comte, en le pinçant.

Monstre?

LE COMTE.

Permettez ! permettez, Sire!..

LE ROI, l'interrompant.

C'est bien ! c'est bien !.. la reine et moi, nous signerons au contrat... et demain...

LE COMTE.

Votre Majesté confond... je lui ferai observer que je ne suis pas venu à la cour de France, à mon âge, pour chercher l'autorisation de me marier... mais bien celle d'établir une marine...

LE ROI.

Ah! oui... je me rappelle... eh bien ! je vous accorde... une galère...

LE COMTE.

Une galère... que ça ?..

BRIENNE.

Et une femme...

LE ROI.

L'une ne va pas sans l'autre...

AU PUBLIC.

AIR de l'Héritière.

Malgré mon titre et ma puissance,
Messieurs, je tremble devant vous.

LA REINE.

Ce soir, imitez ma clémence,
Et pardonnez à mon époux ;
Le pardon parfois est si doux !

LE ROI.

Notre règne était éphémère.
Aussi j'abdique sans regret ;
Soumis aux décrets du parterre,
Le roi devient votre sujet.

(Tout le monde répète en chœur, les deux derniers vers.)

FIN.

Imprimerie de Mᵐᵉ DE LACOMBE, 13 rue d'Enghien.